ALPHABETH

MÉTHODIQUE ET CHRÉTIEN,

CONTENANT

1º. Les Lettres et les Syllabes rangées suivant leur ordre naturel; leurs variations, emplois, etc.

2º. Les premiers Principes de la Religion et les Prières les plus ordinaires.

Par et chez J. F. MOURIER, Instituteur,

Succʳ. de M. Gallois, Rue St. Jean-de-Beauvais, Nº. 14. — a Paris.

De l'Imprimerie de Couturier, rue St. Jacques, Nº. 51.

1817.

O CRUX, AVE,
SPES UNICA!

ALPHABETH MÉTHODIQUE.

✠ a e i y o u h b p
v f m n d t z s c
q k g j l r x æ œ &.

ANCIEN ALPHABETH.

a b c d e f g h i j k
l m n o p q r s t u v
x y z æ œ &.

LETTRES MAJUSCULES.

A E I Y O U H B P V
F M N D T Z S C Q K
G J L R X Æ Œ.

4

PREMIER TABLEAU.

{ A e i o u eu ou
{ ha he hi ho hu heu hou

ba be bi bo bu beu bou
pa pe pi po pu peu pou
va ve vi vo vu veu vou

{ fa fe fi fo fu feu fou
{ pha phe phi pho phu pheu phou

ma me mi mo mu meu mou
na ne ni no nu neu nou
da de di do du deu dou
ta te ti to tu teu tou
za ze zi zo zu zeu zou

{ sa se si so su seu sou
{ ça ce ci ço çu ceu çou

{ ca ke ki co cu keu cou
{ qua que qui quo qu'u queu qu'ou

ga   gue gui go   gu   gueu gou
{ gea ge   gi   geo geû geu geou
{ ja   je   ji   jo   ju   jeu jou
cha che chi cho chu cheu chou
la   le   li   lo   lu   leu lou
ra   re   ri   ro   ru   reu rou
gna gne gni gno gnu gneu gnou.

E muet, *menace;* ACCENTS, aigu ('),
é fermé, *été;* grave, (`) *è* ouvert,
accès; circonflexe (^), *pâte,*
fête, gîte, côte, flûte.

Nomenclature.

A mi, é co le, i ma ge, ob jet,
hu meur, heu reux, hou pe.

Ba gue, pè re, vi gne, for ce,
phé nix, mus cat, bour se, veuf.

Ner veux, dis pos, tor tue,
zé phyr, sour cil, si gnal.

Gui de, co quille, jour nal,
che val, lu nette, rou geur.

S comme *z* : visage, asile.

Ti comme *si* : initier, action.

Ch comme *k* : chœur d'église.

Second Tableau.

Bla	blo	bleu	bra	breu	brou
pla	pleu	pra	pro	vra	vre
fla	fleu	fra	fru	phle	phla
dra	dre	dro	tra	tre	trou
cla	clo	cra	cro	chre	chri
gla	gle	glou	gra	gri	gro
spa	sque	stra	scru	xa	xe.

Nomenclature.

Bla ma ble, bre vet, pli er, prou ver, flot ter, phleg me.

Dra gées, tro quer, chré tien, spec tre, sque lette, struc ture.

X comme *ks :* taxer; comme *gz*, exact, exercice.

VOYELLES NAZALES ET DIPHTONGUES.

An, en, im, on, eun, oi, oin : comme blanc, examen, bien, plomb, prompt, à jeun, foi, roi, soin, poingt, lui, oui.

Variations.

E muet *ent :* ils ouvrent, ils rient.
È, ê, ai, oi : la paix, ils rioient.
O, au, eau : défauts, couteaux.

Oi, *oë*: poële. *Y ii*: paysan.
Eu, *œu*: bœuf. *An*, *en*: enfant.
En, *in*, *ain*: vin, pain, impair.
On, *aon*: taon, *Eun*: parfum.

Notes et Ponctuations.

Tréma (¨): haïr, ciguë, saül.

H aspirée comme *tréma*: la haine, le hibou, cohorte, trahir.

Apostrophe ('), l'eau, l'air.

H muette, l'herbe, l'hiver.

L mouillé, orgueil, fille, feuille.

Cédille (ç), façon, soupçon.

Virgule (,). *Point* (.), d'inter-rogation (?), d'exclamation (!).

Instructions et Prières.

Dieu nous a créés pour le connaître, l'aimer et le servir. Pour cette fin, il a fait, à son image, notre ame en trois facultés : l'entendement, la mémoire et la volonté.

Dieu est l'être souverain existant en trois Personnes. Nous invoquons la Sainte-Trinité, en disant : au nom du *Père*, et du *Fils*, et du *Saint-Esprit*. Ainsi soit-il.

Dieu le Fils s'est fait homme, et se nomme *Jésus-Christ*. Il est l'auteur et le chef de la Religion Chrétienne et Catholique, que ses Apôtres et ses Disciples, et leurs Successeurs, les Evêques et les Prêtres, ont répandue et répandront par toute la terre, jusqu'à la fin des siècles.

Les Apôtres ont renfermé tout ce que nous devons croire, dans cette profession de foi, nommée :

SYMBOLE DES APÔTRES.

Je crois en Dieu, le Père tout-puissant, créateur du ciel et de la terre ; et en Jésus-Christ, son Fils unique, notre Seigneur, qui a été conçu du Saint-Esprit, est né de la Vierge Marie, a souffert sous Ponce-Pilate, a été crucifié, est mort, et a été enseveli, est descendu aux enfers, et le troisième jour est ressuscité des morts, et monté aux cieux, est assis à la droite de Dieu, le Père tout-puissant, et qui de-là viendra juger les vivants et les morts.

Je crois au Saint-Esprit, la sainte Eglise Catholique, la communion des Saints, la rémission des péchés, la résurrection de la chair et la vie éternelle. Ainsi soit-il.

Notre Seigneur nous a enseigné lui-même ce que nous devons demander, dans la Prière suivante :

L'ORAISON DOMINICALE.

Notre Père, qui êtes dans les cieux, que votre nom soit sanctifié : que votre règne arrive : que votre volonté soit faite en la terre comme

au ciel. Donnez-nous aujourd'hui
notre pain quotidien, et pardonnez-
nous nos offenses comme nous par-
donnons à ceux qui nous ont offen-
sés; et ne nous laissez point suc-
comber à la tentation; mais dé-
livrez-nous du mal. Ainsi-soit-il.

*Nous honorons les Saints et prin-
cipalement la très-Sainte Vierge,
à qui nous adressons cette Prière:*

LA SALUTATION ANGÉLIQUE.

Je vous salue, Marie, pleine de
grâce; le Seigneur est avec vous.
Vous êtes bénie entre toutes les
femmes; et Jésus, le fruit de votre
ventre, est béni.

Sainte Marie, mère de Dieu,
priez pour nous, pauvres pécheurs,
maintenant et à l'heure de notre
mort. Ainsi soit-il.

Nous demandons le pardon de nos péchés, en les confessant avec une grande douleur d'avoir offensé Dieu.

LA CONFESSION GÉNÉRALE.

Je confesse à Dieu tout-puissant, à la bienheureuse Marie toujours Vierge, à Saint-Michel Archange, à Saint-Jean-Baptiste, aux Apôtres Saint-Pierre et Saint-Paul et à tous les Saints, que j'ai beaucoup péché, par pensées, par paroles et par action : c'est ma faute, c'est ma faute, c'est ma très-grande faute. C'est pourquoi je prie la bienheureuse Marie, toujours Vierge, Saint-Michel-Archange, Saint-Jean-Baptiste, les Apôtres Saint-Pierre et Saint-Paul, tous les Saints, de prier pour moi le Seigneur notre Dieu.

Prions Dieu de nous faire comprendre et observer ses Commandements.

Gravez votre loi au fond de mon cœur, ô mon Dieu! faites-moi connaître vos saints Commandements; Donnez-moi la grâce de les aimer et la force de les pratiquer.

Les Commandemens de Dieu.

1. Un seul Dieu tu adoreras et aimeras parfaitement.

2. Dieu en vain tu ne jureras, ni autre chose pareillement.

3. Les Dimanches tu garderas, en servant Dieu dévotement.

4. Tes père et mère honoreras, afin que tu vives longuement.

5. Homicide point ne seras de fait ni volontairement.

6. Luxurieux point ne seras de corps ni de consentement.

7. Les biens d'autrui tu ne prendras ni retiendras à ton escient.

8. Faux témoignage ne diras ni mentiras aucunement.

9. L'œuvre de chair ne désireras qu'en mariage seulement.

10. Biens d'autrui ne convoiteras, pour les avoir injustement.

Demandons à Dieu la grâce d'observer les Commandements de l'Eglise.

Puisque vous ne recevez point, Seigneur, au nombre de vos enfants ceux qui ne veulent pas reconnaître la Sainte Eglise pour leur mère, faites que j'écoute sa voix comme la vôtre, et que je lui obéisse comme à vous.

Les Commandemens de l'Église.

1. Les fêtes tu sanctifieras, qui te sont de commandement.

2. Les dimanches messe ouïras, et les fêtes pareillement.

3. Tous les péchés confesseras, à tout le moins une fois l'an.

4. Ton Créateur tu recevras, au moins à Pâques humblement.

5. Quatre-temps, Vigiles jeûneras, et le Carême entièrement.

6. Vendredi chair ne mangeras, ni le samedi mêmement.

En latin, on prononce toutes les lettres, et il n'y a point d'e muet.

ORATIO DOMINICA.

Pater noster, qui es in cœlis, sanctificetur nomen tuum : adveniat regnum tuum, fiat voluntas tua, sicut in cœlo et in terrâ : panem nostrum quotidianum da nobis hodiè ; et dimitte nobis debita nostra, sicut et nos dimittimus debitoribus nostris : et ne nos inducas in tentationem; sed libera nos à malo. Amen.

Chiffres Romains.

I, II, III, IV, V, VI, VII, VIII, IX, X, XI, XII.

FIN.